「幸福」と「不幸」は半分ずつ。

フジコ・ヘミング

PHP文庫

○本表紙図柄＝ロゼッタ・ストーン（大英博物館蔵）
○本表紙デザイン＋紋章＝上田晃郷

Prologue

ピアニストの夢を追いかけ、ピアニストとして歩んできた人生の中で、私は多くの苦難に直面しました。

学生時代に受けたいじめ、コンサートの直前に聴力を失い、どん底まで突き落とされたこと、それから長い間、ピアニストへの道が開けなかったこと。うまくいかない恋もたくさんしました。

けれども、苦難を乗り越えてこられたのは、大切な人たちに出会い、動物たちに出会って、勇気をもらったおかげ。そして、その勇気を力に変えて這い上がってきたから、今の私があると思っています。

人生の中で、先が見えない苦しみや悲しみを抱いているとき、「もう私はだめ。おしまい」「生きていてもしようがない」と、思うこともあるでしょう。「自分の苦しみなんか誰もわかってくれない」「私だけがなぜこんな目にあうのだろう」と、運命を呪う人もいるでしょう。

そんなとき、自分の不幸ばかり考えていたら、ますます不幸になってしまいます。自分のまわりにある幸せとは何か、考えてみてください。どんなにささやかなことでも、人は幸せになれるのです。

朝起きて明るい日差しが差し込んできたとき、ご飯を食べておいしいと思ったとき、道を歩いていてきれいな花を見たとき、動物の可愛い仕草を見たとき、一人でもいいから共感してもらえたとき、そして素敵な音楽を聴いたとき……。

「生きていてよかった」と思える瞬間は誰にでもあります。その瞬間を大切に、日々を過ごしていけば、必ずいつか幸せが訪れるのです。

落ち込んでいても仕方がない、くよくよしていても何もいいことはありません。まわりと比べるのではなく、あなたはあなた、人は皆、いいところがあるのだから、自信と勇気を持って生きていきましょう。

２０１８年8月　　　　フジコ・ヘミング

Contents

Part 2

大切な出会い、感謝する心……67

Part 3 夢と自分らしさを捨てないで

Part 1

愛しなさい！　幸せが待っている

相手に何かしてもらうのではなく、
愛情を注ぐ存在がいれば
自分の不幸なんて
たいしたことないと思えてくる

私が初めて猫を飼ったのは、多分10歳くらいのころ。母はあまり猫が好きではなかったが、なぜか飼うのを許してくれた。

飼えない時代はあったけど、それからというもの、私の人生に猫はなくてはならない存在になっていた。

スウェーデンの祖母の実家は動物病院で、曽祖父は院長をしていたので、その血が流れているから猫と一緒にいるのかもしれない。

私はヨーロッパでは長いこと無名だったけど、そんなことはちっとも気にならなかった。

なぜなら、いつも何匹かの猫がそばにいて、その世話に明け暮れていたから。テーブルクロスを爪でひっかく、花瓶を倒す、ピアノの上が毛だらけになる……。

猫中心の暮らしは、それはそれで大変だったけど、愛情を注ぎ面倒を見る存在がいるのはとても幸せなことでした。

安い月謝でピアノを教え、生活が楽ではなかったときにも、自分の食費を切り詰めて猫にご飯をあげていた。

裏表がなく純粋な猫に愛情を注いでいたら、いつしか辛いときも泣かなくなっていた自分を思い出すの。

ドイツに住んでいたころ、赤ん坊を育てたいなと思ったことがあって、知り合いの牧師さんに養子縁組を申し込めるかどうか相談しに行ったことがあった。けれど、「あなたは独身だから、おそらく許可は下りないと思います」と言われて、とてもがっかりしたわ。

結婚もだめ、子どもを育てることもできない……。

夢は次々になくなっていったけど、仕方がないなと思った。自分がいくら望んでも、手に入らないものはたくさんある。

結局私は、音楽と見捨てられた動物たちに愛情を注ぐことを望んだ。

もし私に夫や子どもがいたら、人生はどうなっていたのかしらね。自分の大切な存在、愛情を注ぐ存在は人それぞれ。

旦那さんや奥さん、子どもがいなくても、そういう存在は人生の中できっと見つけられるはず。

「人間は愛されるより愛すること」という言葉を何かで読んだけど、確かにその通りかもしれない。

愛されることばかり待っている人もいるけど、いつも「自分は愛されていない」とか、「自分は損をしている」などと思っていると、毎日が楽しくなくなってしまうじゃない。

相手に何かしてもらうのではなく、自分が愛情を注ぐことが大事。そうしているうちに、自分の不幸なんてたいしたことないと思えてくるはずよ。

猫とは言葉を交わすことはできないけど、楽しいこと、うれしいこと、悲しいこと、嫌なこと……どんなことも話してきた。

私は、愛情を注いできた猫たちから愛情をいっぱいもらっている。

猫の元気な姿を見ると、幸せを感じる。

私にとって心を通わせる存在は、猫たちなのです。

愛されることばかり待っているのではなく、自分から愛する

挫折のない人生なんてない
「もうダメだ」と思っても、
絶対に立ち直れる日が来る

音楽学校を卒業して、やっとこれからピアニストとしての一歩を踏み出す……。ウィーンでのコンサートを1週間後に控えた冬のある日、私は風邪をひいてしまった。

当時はお金がなく、アパートの大家さんに安いお金でご飯を食べさせてもらっていたの。

ありがたかったけど、毎日油まみれの豚肉料理ばかり。それに加えて暖房のない部屋で暮らし、疲労も重なって、私はよく病気をしていた。

その日は風邪で高熱が出て薬を飲んだけど、その薬が合わなかったのか、耳が聴こえなくなってしまった。

何も聴こえない。これは現実なのだろうか……。

私は16歳のとき、中耳炎をこじらせて右耳が聴こえなくなっていたけど、今度は左耳も聴こえなくなってしまった。病院に駆け込んだのに、すぐには治らない。音楽家を志す者にとって、これがどういうことか。

「自分はダメだ。もう、おしまい」と絶望した。

コンサートを延期してもらい、耳が聴こえないまま初日のステージに立ったけど、自分の弾く音も観客の反応も聴こえない。

翌日からの公演は中止にせざるを得なかった。

せっかくつかんだチャンスが、私の手からするりと落ちていく。

どうしたらいいのかわからず、毎日泣いて過ごし、しばらくはピアノの前に座ることもできない。

「誰も知らないところに行ってしまいたい」。そう思って私は逃げるようにウィーンを後にし、父の母国スウェーデンのストックホルムに移り住み、大学病院で治療を受けながら途方に暮れる日々を送ることになったの。

努力して積み上げてきたものも、一瞬でなくなってしまう。「もう自分はピアニストとして再起できないだろう」と思い、絶望しかなかった日々……。

音を失ったそのころの唯一の楽しみといえば、絵を描くこと。美術の才能があった父の記憶をたどりながら絵を描き続けることで、かろうじて精神を保っていた。

けれど今思うのは、それが私の人生だということ。

そのときチャンスをつかめなかったけど、ピアノを弾くことをやめなかったから今の私がある。

辛い目にあったことも、決して無駄にはなっていない。聴力を失ったおかげで、そのほかの感性を磨くことができたのかもしれない。

ストックホルムにいたころ描いた絵は、今もいくつか手元に残っている。

その絵を見ながら思うのは、振り返ればそのときの苦しさも、今の私に至るまでの大切な一部だということ。幸せを得るために、通らなければならない道だったのかもしれないわ。

挫折のない人生なんてない。辛い目にあったときは「もうダメだ」と思うかもしれないけど、絶対に立ち直れる日が来る。

いつまでもくよくよしていたらダメ。どんなことでも受け入れて生きていかなくちゃ。たくさん泣いて、嫌なことを忘れて、立ち上がって、歩いていく……。

人生はその繰り返しなのだから。

辛い目にあったこと、そのときの苦しさも、今の自分に至る大切な一部

悲劇が起こっている現実を見ると、
一人で幸せに酔うことはできない
人の幸せについても
考えていかなければいけない

ストックホルムにいたころ、易に詳しい日本人が私の手相を見て、「あなたの晩年の運、すごくいいわよ」と言ってくれた。当たっていたわね。

何もしないで楽しく生きていこうなんて、人生ではない。私は決して試練に負けず、希望を持って自分の道を進んできたから、今があると思っている。

世界中の人が私のピアノを聴いて感激してくれる。今の私を幸せ者だという人はたくさんいると思うけど、みんなが思っているほど幸せではない。なぜなら、世の中には飢えに苦しみ、物乞いをしている子どもがたくさんいる。そういう悲劇が起こっている現実を見ると、一人で幸せに酔うことはできない。

人間にとって、一生懸命働いて、おいしいものを食べて、おしゃれをして、ものを買って……というのは大事なこと。けれど、それができない人が世界中にいる。そういうことにも目を向けて、平和のためにできること、人を救うためにできること、自分だけでなく人の幸せについても考えていかなければいけないと思う。

何もしないで楽しく生きていこうなんて、それは人生ではない

人生に絶望して
生きる力を失ったとき
私の心を癒し、救ってくれたのは
猫と音楽だった

ドイツでの孤独な生活を支えてくれたのは、猫と音楽だった。

耳が聴こえなくなって、絶望の淵に突き落とされ、生きる力を失っていたときも、猫はそばにいてくれた。

騙（だま）されたり嫌なことを言われて落ち込んでいたときは、猫に話を聞いてもらったし、私が泣いているときはそばに寄り添ってくれた。

人に会うのを避け、部屋にこもってピアノを弾いていたときも、聴き手は猫や動物たちだった。

ピアノを弾く力も湧いてこなかったときは、好きな音楽を聴いていた。猫の存在と音楽によって、私の心は癒（いや）され、救われたの。

人生なんて、人に相談しても仕方がないことがたくさんあるでしょ。だから私は、人間は好きだけど、会うのは好きじゃない。口をきかない猫や犬のほうが好き。

ドイツ（フランス）の偉人で、医師であり、哲学者、オルガニストでもあったアルベルト・シュバイツァーの名言に、「人生の惨めさから抜け出す慰めは二つある。音楽と猫だ」という言葉があるの。まさにその通りね。

ドイツで暮らしていたとき、こんなこともあった。ある日、猫の具合が悪くなったので注射をしてもらいに病院に行ったの。

その帰りのバスに人が乗ってきたとき、猫が「ミャオ」って鳴いた。そうしたら車掌さんが「いやー、かわいいね」と言って、近くにいた年配の女性も「何歳なの。かわいいわね」と言ってくれて……。

私の猫がバスの座席に座っているのがかわいいって、まわりのみんなが喜んでくれたのよ。本当に楽しくて、うれしかったわ。

猫は人間みたいに嘘(うそ)をつかないし裏切らない、人に見られていることを意識して格好つけたり威張ったりしない。純粋で作っていないところが好き。

私は、騙されたり、傷ついたり、人間関係に悩まされることが多かったけど、いつも猫が助けてくれた。

前向きな人生を送ることができているのは、猫のおかげ。

人生なんて、人に相談しても仕方がないことがたくさんある

へんなプライドは捨てなさい

多くの人に愛される条件は、

人柄、経験、そして人生そのもの

ロマンティックで美しい音楽を奏でるピアニスト、リチャード・クレイダーマン。彼が来日したとき、音楽関係の知り合いに紹介してもらい、会う機会があった。最初に会ったクレイダーマンは、少年のような笑顔でキラキラ輝いていた。私の父にちょっと似ているかな、なんて思ったわ。彼は私が猫をたくさん飼っていることを知っていて、彼のお母さんが40匹もの猫を飼っていた話をしてくれた。そして、いろんな話をしているうちに、こんなことを言ったの。

「母は清掃の仕事をしながら、私がピアノを続けられるよう支えてくれたのです」

彼は裕福な育ちではなく、お母さんが苦労して彼を応援していた。私は昔、清掃の仕事をしていたことを思い出し、お母さんの気持ちがわかるような気がしたわ。

彼はプライドの高い音楽家とは違って、気さくで優しい人。だから、心に響く音楽を奏でることができ、多くの人に愛されるピアニストになれたのだと思う。

人柄、経験、そして人生が表れたクレイダーマン音楽は、とても素晴らしいわ。

気さくで優しい人。だから、心に響く音楽を奏でることができる

幸せは自分で作らなければいけない
自分なりの幸せを見つけて、
それに満足することが大事

ドイツでピアノを教えながら暮らしていたころ、私はピアニストとして無名だったし、生活は決して楽ではなかった。

「あなたはニューヨークかパリか東京に行って、有名にならないのか？」と言ってくれたドイツ人がいたけど、行くお金がない。

でも、猫の世話に明け暮れて、音楽をやっていることが、心の支えになっていた。

やがて音楽学校で教えるようになり、私は念願だったとてもきれいな家に住むことができた。

その家のまわりには素敵な家が建ち並んでいて、私はよく向かいの家に住んでいた夫婦の家に呼ばれて、ご飯をごちそうになっていたの。

その夫婦にはとても美人なドクターの娘さんがいて、夫婦と美人ドクターの子ども二人と三世代一緒に食事に行くのを、私はピアノを弾いている部屋の窓からよく見かけたわ。

あるとき、私がショパンの『ピアノ協奏曲 第一番 第三楽章』を弾いていたら、その音を聴いて二人の子どもたちが踊り始めたことがあった。

私は子どもたちが道を渡りながら踊りを止めないように、一生懸命にピアノを弾き続けたのを覚えている。

私のピアノに合わせて一緒に踊ってくれるなんて初めてだったから、とてもうれしくて幸せなひとときだった。その子どもたちは今、とても素敵な青年になって、この間会ったら挨拶してくれた。

お金持ちでも有名でもなかったけど、私を勇気づけてくれる人がドイツでもウィーンでもいっぱいいる。

ドイツでピアノを教えていたときも、「うちの子どもにピアノを教えてください」って言う人がたくさん来て、とても楽しかった。普通の人より安く教えていたこともあるのでしょうけど……。

世の中、お金がないと不幸だとか、地位や名誉があれば幸せだとか言う人もいるけど、そうではなくて、幸せはその人によって違うもの。幸せは自分で作らなくてはいけないもの。

私は、道を歩いていてきれいな花を見つけたら、その瞬間がすごく幸せ。小さくて何もない部屋で暮らしていても、花を飾って素敵だなと感じることや、お茶を楽しむことも幸せ。

そして、毎日ご飯が食べられることも幸せだと感じる。

人間だから、「もっとお金がほしい」と思うだろうけど、「これじゃ足らない」と思ってばかりいたら不幸よね。

それから、「私はとんでもない男と付き合って、人生損をした」なんて言う人もいるけど、そんなことをずっと思い続けていることが不幸なんじゃないかしら。

「自分は不幸だ」と思うことや、何かと比較して不平不満ばかり言っていることが、不幸を作っているのだと思う。

どんなにささやかなことでもいい、自分なりの幸せを見つけて、それに満足することが大事よね。

「自分は不幸だ」と思うことそのものが、不幸を作っている

動物にたっぷりの愛情を
注ぐことができる人ならば
優しく愛情のある人間でいられる

世界では今この瞬間も、いろいろな場所で争いごとが起こっている。

もちろん、人の命が奪われることは悲しいけど、私は最初に動物の命のことを考えるわ。

人間は何人亡くなったとニュースになるけど、動物は何匹死んでもニュースにならない。かわいそうよね。

私が子どものとき、戦争が始まると、「犬はだめだ」と言われて飼っていた犬を警察が持っていったことがあった。

とてもかわいがっていた犬が急にいなくなって、本当に悲しかった。持っていかれた犬は殺されてしまう……そう考えるだけで、胸が苦しくなった。飼っていた猫も、空襲で焼け死んでしまった。

この二つの悲しみは私の中から消えることなく、今もずっと引きずっている。

絵本の『かわいそうなぞう』に出てきた象も同じよね。上野動物園にいた動物たちは、空襲で檻（おり）が破壊されて逃げ出すかもしれないという理由で次々に毒殺された。

だけど、象たちは毒の入った餌を食べず、餌がほしくて芸をしても何も与えてもらえず、餓死してしまう……。

ドイツでも、戦争中に防空壕に入れたのは人間だけ。数えきれないほどの動物たちは空襲で死んでいった。

権力者や国家の争い、人間同士の都合で、生き物が命の危機にさらされる。人間の犠牲になって死んでいった動物たちがいることを、考えている人がどのくらいいるのでしょうか。

戦争の犠牲だけでなく、飼っている動物たちをいいときだけかわいがって、その動物に飽きてしまったり都合が悪くなったら、平気で捨ててしまう人もいる。最低な人間だわ。

私は、猫や犬たちに救われてきた。

失意のどん底にいたときも、貧乏な生活をしていたときも、そばにいてくれて、私を励ましてくれた。

そんな動物たちにずっと愛情を注いでいきたいし、助けていきたい。

私がピアニストとして有名になれたのも、助けてあげた動物たちが恩返しをしてくれたからかもしれないと思っている。

有名になって生活にゆとりができてからは、不幸な動物たちのために寄付をしたり、野良猫の避妊をしたり、動物たちを助けることにお金を使っているの。動物たちを少しでも救えることができたら、とても幸せね。

動物愛護というと大げさに聞こえるかもしれないけど、自分が飼っているペットを捨てたりせず責任を持つことや、動物をいじめないことは誰にでもできるはず。動物に愛情を注ぐことができる人ならば、きっと優しく愛情のある人間でいられると思う。

そういう人が一人でも増えて、争いのない世の中になるよう、願っているわ。

動物を平気で捨ててしまう人がいる。最低な人間だわ

人生に恋は必要かと問われれば
「知らない」と答える
一方で、心の中では別の言葉を叫んでいる
「恋は生きる力になる」と

恋をすると不思議ね。「今日は会えるかしら？」と、朝からその人のことばかり考えて。心がうきうきして、毎日が楽しくなる。

今までいろんな恋をしてきたけど、惚（ほ）れた相手はろくでもない人が多かった。嘘つきな人だったり、浮気者だったり。友達からは「どうしてそんな男ばかりに惚れるの？」と言われたけど、こればかりは直らない。私は男を見る目がないのね。

ふられたときはいつも、「もう二度と恋なんかしない」と思うけど、不思議なことにどんなに嫌な思いをして別れても、時が経つといい思い出だけが心に残っていく。嫌なことは全部忘れて、「なんて素敵な恋だったんだろう」と、いいことばかりを思い出す。そしてまた、気がついたら好きな人がいて、恋をする……。

今、人生に恋は必要かと問われれば、「知らない」と言うわ。けれど、心の中ではこう叫んでいる。「恋は生きる力になる」と。たとえうまくいかない恋で終わっても、それはそれで、きっと自分の栄養になっているはずよ。

嫌なことは全部忘れて「なんて素敵な恋だったんだろう」と思う

幸福と不幸は半分ずつ
一生幸福な人もいないし、
一生不幸な人もいない

ヨーロッパで無名だった時代に、芸術家たちからこんなことを言われた。

「マリア・カラスは金持ちのおじいちゃんをつかまえたから、あそこまでいけたんだ。君もそうしないと有名になれないよ」

いくら才能があっても、パトロンがいないと有名にはなれないってこと。でも私には、そんなことはできなかった。

マリア・カラスの歌声は素晴らしくて大好きだけど、雑誌に悪いことを書かれていて、男を利用するような女は嫌いだと思っていた。

あるとき、マリア・カラスと人気を二分していたレナータ・テバルディという声楽家のほうがうまいということを友達に知らせようと、二人が同じ曲を歌っているのをカセットテープに入れて配ったの。するとある日、夜中にダビングしていたら、急に機械の中からドイツ語で「私のどこが気に入らないの？」という声が聞こえて。私はぞっとしたわ。あの声はマリア・カラスみたいだった。

マリア・カラスは、正直に必死で生きていた。でも悪いことを書かれ、批判され続けた。あの声は、私のことをわかってほしいという叫びだったのかもしれないわね。

マリア・カラスとは違って、私のことを認めて勇気づけてくれた人は、みんな純粋でいい人ばかり。でもお金がなくて、私のことを後押ししてくれる余裕もコネもなかった。それでも私はいつか有名になることを信じて、あきらめなかった。そうしたら、ある日チャンスが巡ってきたの。

何かを始めて、これで成功しようと思っているときは、全然成功しないものね。そういう運命なのだから、じたばたしても仕方がない。

運命は変えることができないし、人生も変えることができない。今を受け入れることだと思う。人生を変えようと思って、無理してそんなに好きでもないお金持ちの男と結婚したとしても、幸せにはなれないわ。

幸福と不幸の量は半分ずつよ。一生幸福な人もいないし、一生不幸な人もいない。だから、悪いときには無理して人生を変えようとせず、自分を磨くことが大事。人生を悲観しなければ、必ずいつか幸せは巡ってくる。

運命も人生も変えることはできない。今を受け入れることが大切

Fuzjko Hemming

両親は代えることができない
だから、親から受け継いだ
いいところを大切にして生きなさい

私が5歳のとき、父は家族を残して日本から去っていった。私の記憶の中には、父との思い出はほとんどない。

母は父のことを、プレイボーイで格好ばかりつけていて、責任感がなくて、勝手な男だと言っていた。純粋な母に対して、父は計算高くてズル賢い人。けれど私は、父からいいところをたくさんもらっている。

画家でデザイナー、建築家だった父は、有名なマレーネ・ディートリヒ主演の映画『上海特急』のポスターをデザインしていた。父の名前こそ出ていないけど、あの絵を見るたびにうれしい気分になるわ。絵を描いていると、私の中に父の血が流れていることを感じるの。そして、繊細でロマンティックだった父。そこも受け継いでいる。

家族を捨てた父、口うるさかった母、喧嘩ばかりしている両親。嫌な思いはたくさんしたけど、今はいいことばかりを思い出すわ。両親は代えることができない。だから、親から受け継いだいいところを大切にして、生きていきたい。

嫌な思いはたくさんしたけれど、確かに父の血が流れている

きれいに揃っていなくてもいい
自分が本当に好きなものを、
一つひとつ選んだほうが楽しいわ

東京・下北沢の家の居間には、いくつか椅子がある。一つは、昔、隣に住んでいたドイツ人が捨てた椅子。

その椅子に誰かが座ったら、壊れていたらしく座面が落ちてしまった。修理してもらったので、今は大丈夫だけど。

ウィーンのカフェで使われていた椅子もある。百年以上経っている古いもの。この椅子にはどれだけ多くの人が座ったのだろう。どんな会話をしていたのだろう……。

椅子に座りながら、人々の楽しげな物語や悲しい物語を想像するのは、とても楽しいこと。

そしてもう一つは、捨てられていた学校の生徒用の椅子。まだ使えるのに、なんで捨てられてしまったのかしら……。

みんな、まだ座れる素敵な椅子を捨ててしまう。

少し古くなると捨てて、最近の流行(はやり)のものや、新しいデザインのものを買うなんて、もったいないことね。

以前、取材に来た記者が、部屋に置いてある椅子が全部バラバラだって驚いていた。

レストランやホテルなら同じ椅子を並べるけど、自分の部屋なら一つひとつ気に入った椅子を並べるほうが楽しいじゃない。

ダイニングテーブルの椅子は揃っていないとおかしいとか、この色はこの部屋に合わないとか、10年も使ったから新しいものに買い替えましょうとか、そうしなければいけないということはないでしょ。

日本人は、「まわりの人がこうしているから、自分もこうする」「これが流行だから買う」という人が多いけど、そういう人は自分が本当に大切なものに気づかずに人生を送ってしまうのではないかしら。

他人からどう言われようとも、自分が好きなものであれば、それはそばに置いておくべきよね。

「物にはみな精神が宿っている」と、私はいつも思っている。

椅子だけでなく、インドネシア製の古い食器棚、明治時代の障子、長年愛用していたトランク、母がつくった鎌倉彫のお盆。

そして私が子どものころ、母がガラス工芸家の岩田藤七先生からいただいたグラスは、29歳で日本を離れてからもずっと持ち歩いたあげく、日本に持って帰ってきて、口のところが欠けてしまったけど、今も大切にしている。

何十年経っても大切にしたい宝物が、私の家にはたくさんあるの。何の個性もない新しいものに囲まれているより、アンティークなものや、ガラクタみたいでも心ときめくもの、思い出の品……そういう古いものに囲まれて暮らすのが、心地よくて落ち着くわ。

真新しい家具なんかより、物語を持っている古い家具のほうが、私にとっては何よりも貴重。

まわりに流されず、「自分が本当に大切なもの」に囲まれて、楽しく生きていきたい。

他人からどう言われようと、自分が本当に大切なものに気づいてほしい

自分より貧しい人を見たら、
少しでもお金をあげるべき
弱い者のために尽くしたい
という気持ちを持つ

世界で起きているテロや争い、自然災害のニュースの一つひとつに、私は衝撃を受ける。それによって、生きるために必要なものを失った多くの人がいる。

一方で、食べ物を粗末にする人、贅沢なものを買ってばかりの人、自分のためだけに出世してお金を稼いで生きている人……そういう人たちもいる。

人にはそれぞれの与えられた運命があるけれど、自分より貧しい人を見たら、100円でもいいからあげるべき。私はかつて貧しい生活を送ったことがあるからかもしれないけど、日本では本当に貧しい人たちに目を向けている人が少ない。

最近、私が感激したのは、どこの国に行っても貧しい人がタダで食事ができるレストランがあること。これは本当に素晴らしいわね。

私のコンサートに来てくれて、プレゼントをくれるのはうれしいけど、反面、心が痛む。そのお金を、世界中の貧しい人や動物たちにあげてほしい。弱い者のために尽くしたい、という気持ちを持つことが大切ね。

生きるために必要なものを失った、多くの人がいることを忘れないで

口が悪い、褒めてくれない
そんな身近な人でも、
心の底から応援してくれている

父と母、私と弟の家族は、戦争が激しくなる前、私が5歳のときにベルリンから日本に来た。

だけど当時は外国人排斥の時代だったので、父は仕事に就くことができず、母とは毎日喧嘩ばかり。

やがて父はスウェーデンに帰ってしまい、それ以来会うことはなく、父親というものをほとんど知らずに育った。

母は父と別れてから、女手一つで私と弟を育ててくれた。実家が裕福で仕送りがあったとはいえ、二人の子どもを育てるのはとても大変だったと思う。

それでも母は、私に外国人の血が混ざっていることを気にして、いじめられないかと心配したのか、青山学院初等部に通わせてくれた。

母からピアノを習い始めたのは、5歳のとき。

ピアノ教師としての母は、それはそれは厳しく、いつも怒鳴られてばかり。スパルタ式のレッスンが続いた。

当時は「なんでこんなに厳しくするのだろう」と思っていたけど、それを乗り越えて頑張ってきたから、今の私がある。

ドイツに留学してからも長い間、母はピアノ教師をして稼いだお金を毎月送ってくれた。

そのお金がなくなって、「食べるものがなくて砂糖水しか飲めない」と母に手紙を書くと、「何を言っているの。こっちは塩をなめてお金を送っているの。もっと頑張りなさい」という返事。

「おまえなんか、一流のピアニストになれるわけがない」「日本には素晴らしいピアニストがいるから、おまえの出番はない」とも言われ続けた。

口が悪いのはずっと変わらず、うんざりしたこともあったけど、母は心の中でいつも私を応援し続けてくれた。

一切褒めてくれなかったけど、そこには確かに愛情があったわ。

言葉の裏には、「大丈夫、大勢の人々の前でピアノを弾く日が再び来る」という励ましがあったのかもしれないわね。

常識に縛られることなく、正直で、純粋で、不器用だった母。そんな母のことが私は大好き。必死で戦争の時代を生き抜き、二人の子どもを育てた……母が晩年の私の道を切り開いてくれたと思っている。生きているときは喧嘩ばかりだったけど、母には一番感謝しているの。

親のことを好きになれない人もいるかもしれないけど、いつかきっと、愛情がわかるときが来るはず。

お互いに歳をとってから気づくかもしれないし、親が死んではじめて気づくかもしれない。

私は気づくのが遅かったわね。虐待などといった特殊なケースを除いて、どんな親でも敬うべきだと、今は思うわ。

私はクリスチャンだから、母とは天国でまた会えると思っている。そこではどんな会話をするのかしらね。

親を好きになれない人もいるけど、いつかきっと深い愛情がわかる

結婚できないからって焦らないで
自分を見失わないよう、
自分のペースでいるのが一番

パリと東京の自宅にいる猫たちは、見た目も性格も、やってきたところも違う。最初はかわいらしい子猫でも、歳をとるにつれて太ってみっともなくなっていくけど、すべての猫にずっと変わらない愛情を注いでいる。

猫や動物にはそういう気持ちでいられるのに、人間同士だとうまくいかない。恋したときは好きで仕方がないけど、嫌なところが見えると一気に冷めてしまう。変わらず愛しく思えるような恋はなかったわね。結局、恋の熱病にかかっていただけ。

本当の愛は、自分の損得を考えずに人に捧げられるもの。何かをしてほしいという要求ばかりではダメ。そして、お互いの尊敬がなければ、長くは続かない。一緒に暮らすのも大変な努力が必要よね。見たくはない嫌なところも見えてしまうから。

私は、あまりベタベタした関係になるのは嫌。物理的にも精神的にも適度な距離が大切だと思う。結婚できないとか相手がいないからって焦らないで、自分を見失わないよう、自分のペースでいるのが一番よ。

本当の愛は、自分の損得を考えずに人に捧げられるもの

所詮、人間は孤独なもの。
自分の好きなことをする時間が
「人生どうにかなる」っていう
気持ちにさせてくれる

パリにいるときも、東京にいるときも、変わらないのは朝のひととき。猫たちが私のベッドに乗ってきて、「お腹がすいたよ」と起こされる。だから最初に、猫たちにご飯と新鮮なお水をあげるの。

その後、私の朝食。パリではパンと紅茶だけど、日本ではお味噌汁を必ず飲むようにしている。日本はお水がおいしいから、食事もおいしい。最近は食べる量は少なくなったけど、日本の食べ物はおいしいわ。

ご飯を食べ終わった猫たちは、テーブルの上に乗ってきたり、窓辺で日向（ひなた）ぼっこをしたり、思い思いにくつろいでいる。窓を開けると風が入ってきて、とても気持ちいい。そんなゆるやかな朝の時間が、私は好き。

散歩をするのも好き。私は子どものころから放浪癖があったようで、外をぶらぶらと歩いているうちに迷子になって、誰かが見つけて連れて帰ってこられたことが何度もあったらしいわ。

東京に戻ってきて無名だったころは、やることがなくて一日中、下北沢の街を歩いていた。野良猫を拾ったり、お店を覗きながらかわいいものを見つけて買ってきて、いろいろなものを作るのが楽しかった。

有名になってからは昼間に下北沢を歩くこともなくなったけど、暗くなってから出かけると、不思議と子どものころのことを思い出すことがある。

パリの人たちは無関心だからいいわね。街をぶらぶらと歩いて、疲れたらカフェに座って道行く人を眺めるの。そんなときに思い出すのは、この街を愛した芸術家たちのこと。そして、私の歩いてきた人生のこと。

「所詮、人間は孤独なもの」

そんなことを感じるけど、孤独は悪いことではない。孤独を知っている人は、人や動物に優しくなれるし、深い愛情を注ぐことができる。

日々の生活の中で、自分の好きなことをする時間、ささやかな幸せを感じる時間を持つことは大切。

そういう時間が、「人生どうにかなる」っていう気持ちにさせてくれるものよ。


孤独を知っている人は、人や動物に優しく、深い愛情を注ぐことができる

Part 2

大切な出会い、感謝する心

自分の夢のために努力して、
きちんと準備をしていれば
チャンスは必ず訪れる

ベルリン音楽学校にいたころは、いじめにあったり、失恋したり、食事ができないほどお金に困ったり……。

大変なことがいろいろあったけど、一流の音楽に触れることができたのは一生の宝物になった。

音楽学校の講堂では、ヘルベルト・フォン・カラヤン指揮、ベルリン・フィルハーモニー管弦楽団の定期演奏会をやっていて、私たち学生は無料のチケットをもらい、しかも舞台の上に座って音楽を聴くことができた。

カラヤンの正面の位置に座ったときは、まるで私だけに音楽を聴かせてくれているような気分。

カラヤンが振るタクトは、しなやかでとても優雅。時折、カラヤンと私の目が合うような気がして、私の胸がどきどき高鳴ったのを覚えているわ。

「カラヤンにピアノを聴いてほしい」

あるときそう思い立った私は、小さな紙切れに「ぜひ、私のピアノを聴いてください」と書いたメモをオーケストラの人に渡してもらうよう頼んだ。

すると、信じられないことに、「すぐに来い」という返事が来た。

私はものすごく喜んでカラヤンの前に行ったけど、あまりに突然で心の準備ができていない。

「何を弾くの？」と聞かれ、焦った私は「今は具合が悪くて弾けません」と答え、カラヤンの機嫌を損ねてしまった。

せっかくのチャンスが逃げていく。

こんなことはもう二度と来ない。

それでも、このときピアノを弾かなかったことは私にとって悪い選択ではなかったと、後からわかった。

なぜなら、カラヤンは明らかに才能が輝いている人しか見ないという話を聞いたから。無名の学生の私はまだ、カラヤンにピアノを聴いてもらうときではなかった。

チャンスを活かすためには、自分がそれにふさわしいと思ったときでなくてはならない。自分の夢のために努力し、きちんと準備をしていれば、チャンスは訪れるものだと思う。

そのチャンスが訪れたとき、懸命に頑張ることが大切ね。

後に、カラヤンに会う機会があった。するとカラヤンは、私に向かって丁寧にお辞儀をした。その理由は、そのころ私の演奏が評価され始めていて、彼はその噂を耳にしていたから。

カラヤンとの出会いは決して偶然ではなく、出会うべくして出会ったのだと、今も思っている。

オーケストラから素晴らしい音楽を引き出し、感動を与えてくれるカラヤンから、多くのことを学んだ。

そしてそれが、私の音楽人生を豊かなものにしてくれている。


チャンスを活かすのは、自分がそれにふさわしいと思ったとき

人生には必ず大切な出会いがある。
迷い、悩んだときは
自分を育ててくれた先生のことを
思い出してみて

私の最初のピアノの先生は、母でした。

母は私をピアノの教師にさせるために、幼いころから毎日、厳しいレッスンを続けていた。

子どもだからといって容赦せず、一日中怒鳴られっぱなし。私はいつも泣いてばかり。あまりの厳しさに、「ここから逃げ出したい」と、いつも思っていたわ。

気性の激しい母だけど、娘に音楽を学ばせる情熱は人一倍。10歳のとき、母は私をレオニード・クロイツァーのもとに連れていった。

クロイツァーは、世界的なピアニストであり指揮者。ロシアで生まれ、ドイツで活躍した後、日本に移住し、東京音楽学校（現・東京藝術大学）で教えていた。

モスクワ・フィルハーモニー管弦楽団の人は皆、彼の名前を知っていて、後に共演したときにすごい人だと知って驚いたわ。

クロイツァーは父の友人でもあったので、父が日本にいたころ「うちの娘にピアノを教えてください」と頼んでいたけど、「子どもには教えない」と断られ続けていたのだそう。

でも、その後、母があまりに熱心に頼むものだから、彼もやっと了承してくれたというわけ。

初めてクロイツァーの家に行ったとき、私はとても不安だったけど、葉巻をくわえたままでピアノを弾く姿を見たら、その格好よさにとにかく感激した。

私が、ショパンの『子犬のワルツ』とバッハの『プレリュードとフーガ』を弾き終わると、「君は天才だ。お金なんかいいから教えよう」と言ってくれた。

そして私は、弟子になることができたの。

クロイツァーは、私がピアノをうまく弾くとものすごく褒めてくれた。「そうやって弾くんだよ」と、目で教えてくれる。ショパンの『黒鍵のエチュード』を弾いたときは、飛び上がって喜んで、「今にこの娘は世界中の人を魅了する!」と言ってくれたわ。

母のレッスンは怒られてばかりだったので、最初は「なんで、こんなに優しいのだろう」と、戸惑った。

けれども先生の優しく温かい人柄がわかってきて、どんどんピアノが好きになっていった。先生に褒められることが、私の心の安定に繋がっていったのね。

クロイツァーとの出会いによって、音楽というものに導かれたと思っている。

先生がいつも、日比谷公会堂で弾いていた『ラ・カンパネラ』。私が10歳のころ、先生がこの曲を弾くのを初めて聴いて、あまりに美しい音色に感激したことを今でもはっきり覚えている。

人生には、必ず大切な出会いがある。

クロイツァーに出会い、教えてくれたたくさんのことが、私のその後の人生に大きな影響を与えるものになっている。

人生に迷い、悩んだときは、自分を育ててくれた先生のことを思い出してみてください。そうすることで、自分の心に響いていたことを思い出し、すっと心が晴れてくるでしょう。


たった一人の出会いが、その後の人生を左右することもある

辛いことに耐えた経験は、
無駄にはならない
いろいろな苦労が
人生を豊かにする

お金がなくて食べるものに困っていたころ、病院の清掃の仕事をしたことがあった。そこでは清掃だけでなく、寝たきりの病人やお年寄りのお世話もした。

私がピアノを弾くことは誰にも言っていなかったのだけど、その病院にピアノが置いてあって、あるときそこでこっそり弾いてみたの。すると、看護師や医者や患者さんがびっくりして集まってきた。精神障害の人は私のピアノを聴いてボロボロと涙を流していて、みんな感激してくれたわ。

ピアニストの多くはお金持ちの家に生まれた人で、私のようにお金がなくて清掃の仕事をしていたなんていう人はいないでしょう。お金持ちのピアニストの音楽は聴きたくないけど、現実はそういう人が世界で一流と呼ばれているのよね。

でも私は、病院で働いたこともいい経験になったと思っている。いろいろな苦労が、私のピアノの音を作っている。辛いことに耐えた経験が、ピアノの音色や響きに表れ、豊かな表現になっているのでしょう。

いろいろな仕事を経験するのも、その後の人生に彩りを与える

毎日の食べ物に感謝する
人間はじゃがいものスープさえ
食べていれば生きていける

人生を前向きに楽しく生きるには、毎日に感謝をすること。ドイツで貧乏な生活をしていたときにも、黒パンと紅茶があってその日生きられることに感謝していた。食べ物が買えないときには、砂糖水だけで過ごしたことや、じゃがいものスープを飲んで空腹をしのいだこともあった。

あるとき、母が送ってくれた新聞の切り抜きに、「人間はじゃがいものスープさえ食べていれば生きていける」というお医者さんの書いた記事が載っていて、じゃがいもは素晴らしい食べ物だと思ったわ。

そのときも今も、自然の恵みに感謝する気持ちは変わっていない。

海外にいると、和食のよさがよくわかる。私は日本の食べ物が一番おいしいと思っているから。

私は動物愛のためベジタリアンになってから35年くらい、肉も魚も食べないけど、お餅やお米、じゃがいものお味噌汁が大好き。それに、和食は旬の素材を使って季節感を表しているし、一つの器に少量の料理がのって、盛り付けがきめ細かくてとてもきれい。

和食はユネスコの無形文化遺産に登録され、「一汁三菜」という食事スタイルが評価を受けて、世界にその素晴らしさが伝わっているのはうれしいこと。けれど、無形文化遺産の登録は本来、「消失の危機に瀕している文化を保護すること」が目的だから、みんなで意識して受け継いでいかなければならないことを忘れてはいけないわ。

海外の名店や人気店が日本に入ってくると、行列を作って食べに行く。見た目がかわいいとか派手とか、そんなことで食べ物を選ぶ。ごちそうばかり食べていると、病気になって死んじゃうのにね。

贅沢なものや新しいものにばかり飛びついて、自分たちが日本で食べてきたものに感謝する気持ちを忘れている人も多いのではないかしら。日本でお米や味噌の消費が減り、和食離れが起きていると聞いて、とても残念に思う。

お米や野菜を作ってくれる農家の人に感謝し、自然の恵みを尊ぶという心がなくならないことを祈るばかりだわ。

贅沢なものや新しいものに飛びついて、感謝する気持ちを忘れている

嘘をついて人を騙すのは最低なこと
そんなことをする人は、
必ず人生でしっぺ返しを受ける

ドイツにいたころのこと。

お気に入りの部屋を見つけて入居したら、2カ月経ったある日、大家さんに「猫がたくさんいて臭いから出ていけ」といきなり言われた。実はその家は売りに出されていて、買い主が決まるまでの間、お金が入ればいいと私を入居させたらしい。それを知らずに騙された私は、裁判をすることになってしまった。

そのころドイツでは、家主は住人とペットの同居を認めなければいけないという法律だったから、まわりの人は私に加勢してくれて、裁判は勝訴。でも判決まで半年もかかって、嫌がらせも受けて、精神的にまいってしまった。

正直にやっていれば、この世は必ず報われる。嘘をついて人を騙すのは最低なこと。そんなことをする人は、必ず人生の中でしっぺ返しを受けるに違いないわ。

人生、何事も正直にやっていれば、必ず報われるときが来る

自分とは違う世界や人生観、
価値観があることを
本は教えてくれる。
いろんな真実を知れば心も広くなる

私は子どものころから本が好き。読みたかった本を読みだすとわくわくして、朝まで読んでしまうこともあった。若いころは映画の影響を受けて、『風と共に去りぬ』なんかも読んだ。

この間は、ヘルマン・ヘッセの『春の嵐』を手に取ってみた。ずいぶん昔に読んで、また読みたいと思って。ときが経って同じ本を読み直してみると、最初に読んだときとは心境が少し違うからおもしろいわね。

本の中では、バイオグラフィ（伝記）や自伝的なものをよく読んでいる。ショパンの伝記はとても好き。芥川龍之介も大好きな作家で、物語なのに詩的な文章で綴られているところが素敵。彼の生い立ちが書かれている本はとても印象に残っている。

彼がどんな人柄なのかがわかる話は、とても興味深くておもしろかった。『歯車』という作品には、「小さい蛆が一匹静かに肉の縁に蠢いてゐた」なんて表現があって気持ち悪かったけど、彼が苦悩していた晩年の精神状態に屈しない、純粋で素晴らしい作品だと思う。

本の中にその人自身が投影されていて、どういう人なのか、どんな生涯を送ったのか、それがわかる作品が好きなの。

有名な作家や偉人の本だけでなく、無名の少女の本に心を奪われたこともある。ドイツで暮らしていたとき、道を歩いていたら本屋さんがあって、すごく安い値段で店頭に積み重ねてあった本の中の一冊が目に留まった。第一次世界大戦時代のドイツの兵隊たちに女性が花束をあげている写真が表紙になっていて、それに惚れてしまい、すぐに買ったわ。

本を読んでみると、著者である無名の少女が戦時中に味わった苦い体験を日記風に綴ったものだった。偶然手に取った本だったけど、最初に読んですごく感激したのを覚えている。

それから何度も読みたくて持ち歩いていたら、飛行機の機内に置き忘れてしまった。有名な本ではないから、もう二度と買うことはできないと思って、航空会社に頼んで探してもらったら、ありがたいことにちゃんと戻ってきた。

これも大切な出合いね。その後、3回ぐらい読んだかしら。もっと読みたかったけど、ほかにも読みたい本はたくさんあったから、この本だけ読むわけにはいかない。

本の中で、少女は戦時中の苦しい時代に、どんな生活を送り、どんなことを感じながら生きてきたのか、一人の市民の真実が描かれていた。その真実の物語が、私の心に深く染み込んだの。

人はそれぞれ、異なる世界や人生観、価値観を持っている。自分のまわりにいる人からもそれを学ぶことはできるけど、本はもっともっと違う世界や人生観、価値観があることを教えてくれる。自分が体験できないことを、まるで自分に起こったことのように疑似体験できるところがおもしろい。

自分の頭の中になかったこと、想像できないようなこと、ずっと昔のこと……いろいろな真実を知って、心が広く豊かになればいいなと思う。

今も読みたい本はたくさんあるけど、時間がないし、小さい文字は眼鏡をかけても見えづらいから疲れちゃうのよね（笑）。

本を読むことで、まるで自分に起こったことのように疑似体験できる

Fuzjko Hemming

すべてのものを寛大に受け入れなさい
それぞれのよさがわかるし、
楽しみがどんどん増えるから

コンサートのプログラムを選ぶときに大切にしているのは、聴衆が喜んでくれる曲を弾くこと。

音大の教授や気位の高いピアニストは、誰も知らないような曲を選びたがるけど、聴衆は楽しくない。知らない曲ばかりだったら、居眠りをしたくなってしまうじゃない。有名な曲を弾くと実力がわかってしまうから、自信がなくて弾かないのかしらって疑いたくなるわ。

私にとっても、有名な曲を弾くのは綱渡りだけど、私にしかできない演奏にすることで聴衆の皆さんに感動を与えたいと思っている。

それから、機械のようにミスなく完璧に弾くことが素晴らしいと思っているピアニストを、私はいいと思わない。彼らは「クラシック音楽とはこういうもの」と決めつけているようで、そういう人たちがクラシックの世界をおもしろくないものにしているんじゃないかと感じる。

リストの『ラ・カンパネラ』は、実は最初あまり好きではなくて、指の練習になると思ってヨーロッパに行ってから弾くようになった曲。その前は同じリストの『ハンガリー狂詩曲』や『葬送曲』をよく弾いていた。

ドイツに留学していたとき、『ハンガリー狂詩曲』を弾いていたら、「なんでそんな曲を弾くのか。下品な音楽だ」と、教授に言われたことがあった。この曲は放浪する貧しい人たちの音楽がもとになっているから、教授はそういう音楽をバカにしたのでしょうけど、とてもがっかりしたわ。リストは寛大で、貧しい人たちの心を受け入れられたから、この曲を書いたのにね。

同じように、クラシックの人が、ジャズやロックや民謡をバカにするときがある。そういう人と話すと、「お高くとまっちゃって」と思う。

私は、ジャズもロックも、シャンソンも民謡も好き。演歌も聴く。クラシックの人の中には、演歌のことを「なんて下品な歌い方」と言う人もいるけど、いろいろな音楽を受け入れるべき。クラシックの人に「美空ひばりを聴いて、ああいうふうに色気のある音楽をやったら、聴いている人が喜ぶわよ」と言いたいわ。

ショパンも色気があるじゃない。譜面どおりに弾くだけではショパンの音楽にならない。色気というか、人間味。譜面には書かれていないものを感じ取って弾かなければ、ショパンを弾けるとは言えないわよね。

音楽家はどんな思いを抱きながら曲を作り、どんな思いで演奏したのか……と、私はいつも考えている。

私の場合は、ショパンやリストの霊感を感じて、自分の心に描かれたイメージのままに演奏するの。

それが、他のピアニストとは違うショパンやリストなのだと思うから。

私の演奏を批判する評論家もいるけど、そんなことは気にしない。「この曲はこう弾くもの」なんて決まりはないし、音楽はみんなのためにあるのだから。要は、私のピアノを楽しんで聴いてもらえるかどうかが一番。

音楽だけでなくすべてにおいて、いろいろなものをピンからキリまで見聞きすることは大事。そして、いいものはいいと認めること。すべてのものを寛大に受け入れることで、それぞれのよさがわかるし、楽しみがどんどん増えていく。

ピンからキリまで見聞きして、いいものはいいと認めることが大事

恋する気持ちはいつまでも持っていたい

「この人と、まさか恋をするなんて！」

そんなことが起きるかもしれないでしょ

恋をすると、惚れた男が「あばたもえくぼ」に見える反面、「可愛さ余って憎さが百倍」にもなるわね。「これが運命の出会い？」なんて思うこともあるけど、結局、たいした男ではなかったという経験をした人も多いんじゃないかしら。

私は過去に、15年間一途にある人を想い続けていた。その人は同性愛者だったけど、私は信じなかった。彼はとても優しくて、彼といる時間が楽しかったから。でも、そんなに長く想っていても、ちょっとしたことで彼の本性を知って想いが覚めてしまった。恋の結末がどうなるかなんて、誰もわからないものね。

でも、結末がどうであれ、恋をしたことは自分の人生に彩りを与えてくれた。そして、いろんな恋が私の人生を色濃くしてくれたと感じるの。

「報われない恋はやめよう」。そう思って辛い恋は終わったけど、恋する気持ちはいつまでも持っていたいわ。「この人と、まさか恋をするなんて！」ということが起きるかもしれないでしょ。そう思っているだけで、人生楽しくなるはずよ。

結末がどうであれ、恋は自分の人生に彩りを与えてくれる

人生、どうなるかなんてわからない
誰からも評価されなくても
自分が信じた道への希望は
決して捨てない

私が子どものころは戦争一色。外国人排斥の時代だったので、父は日本人にいじめられ、仕事もなく、スウェーデンに帰っていった。母も外国人と結婚したからと、警察に連れていかれたことがあった。外国人は立ち入り禁止だからと海水浴場に入れなかったことや、意地悪されて食料の配給をもらえなかったこともあった。

そんな中でも素晴らしかったのは、青山学院初等部での学校生活。

担任だった先生は、涙を浮かべながら「戦争には反対です」と小声で言っていた。今でも忘れられないわ。

私のクラスには日本人だけでなく、イギリス人、台湾人、中国人の子もいた。校長先生はときどき見回りに来て、私の頭をなでてくれて、イギリス人、台湾人、中国人の子のところにも行って頭をなでていた。外国人排斥とは全く違い、他の生徒も育ちのいい子たちだったから、私は誰にもいじめられなかった。このころの友達とは、今も仲良くしているわ。

高等部に入学すると、私は中耳炎をこじらせて右耳が聴こえなくなり、だんだんと不登校になっていった。

「フジコさん、なんで学校に来ないの？　将来困りますよ」と先生に言われて、渋々登校したけど、ちっともおもしろくなかった。だんだんと個性が芽生え、得意なことや好きなことがわかってくる年ごろなのに、怠け者も天才もみんな一緒に授業を受けて、同じように採点される。それが私は嫌い。

高等部の同級生は、今、いろんな道を歩んでいる。幸せな家庭を持っている人もいれば、一人の人もいる。ガリガリ勉強していた優等生が社会的に成功しているかといえば、そうでもない。当時最低だった私が、今、こんなふうになっている。

人生どうなるかなんて、わからないものよね。一時よくても、落ちぶれてしまう人もいる。

だから、ずっと評価されなくても、自分が信じた道への希望は決して捨てないほうがいい。希望を持ち続けていれば、理解してくれる人がきっと現れる。そして、道が開けるときがくる。そう信じること。

希望を持ち続けていれば、理解してくれる人が現れ、道が開ける

8/100

自分にとって必要な人に、
嫌なところがあったとしても
あるがままを受け入れて、
お互いを認め合う

私は、今も昔も嫌いなことは嫌いとはっきり言うことにしている。昔は何かあると、友達に絶縁状を送りつけたこともあった。しゃくにさわることがあると、その人を傷つけたりもした。それによって、私から去っていった人もいる。

これは間違い。なんでそんな考え方をしていたのだろう、と今は思うの。

「他人に対して、どうあるべきかを押しつけてはいけない」というトルストイの言葉がある。人間は身近な関係から、認め合っていかないといけない。嫌なところがあっても、その人のあるがままを受け入れ、お互いを認め合うということ。

喧嘩をするのはよくあること。でも、友達や恋人、自分のまわりにいてくれる人だったら、いいところも悪いところもひっくるめて考えなければいけないわ。

身近に嫌な人がいることも多いけど、自分にとって必要な人は誰なのかを考えて、その人を認めること。そして、嫌なことがあっても忘れて、「こういう人だから仕方ない。明日はほんの少しよくなる」と思って生きていくことね。

他人に対して、自分の考えやどうあるべきかを押しつけてはいけない

現実はうまくいかないことだらけ。
映画を観ると
心の持ちようが変わったり
自分の中で何か新しいものが
生まれたりすることがある

私は子どものころから、よく映画を観ていた。

テレビのない当時、母の唯一の楽しみといえば映画。

当時住んでいた渋谷の家から映画館までは歩いていける距離だったので、母は私と弟を連れてよく映画館に行った。

そのころは、アメリカ映画を観ることが多かった。

青山学院での中等部・高等部時代は学校が大嫌いだったから、授業をさぼって一日中、映画館に入り浸っていたこともある。

もちろん、母には内緒。学校に行くより、映画のほうがよっぽど人生のプラスになると思ったから。

当時は4本立てで上映している映画館があって、朝の9時ごろ映画館に入ると、ネズミがちょろちょろしていた。

フランス映画では、『巴里の屋根の下』や『巴里祭』が好き。新宿の名画座でよく観ていて、映画館のある5階のトイレの窓から外を見ると、屋根が連なっていてパリの街のように見えたのを思い出すの。

それから、チャップリンの映画も大好き。好きな女優は、ジャンヌ・モロー。イングリッド・バーグマンは悪くないけど、やっていたことはスマートじゃないわね。日本人では、田中絹代や高峰秀子、原節子も素敵だった。

映画が終わって外に出ると星がキラキラしていて、幸せな気持ちになったことを、今でもよく覚えている。

4本立ての中には、有名な作品もあれば、くだらないものもあった。有名な映画、一流と呼ばれる映画でもつまらないものはたくさんあったし、有名でなくても素晴らしい映画がたくさんあった。私がいいと思う映画は得てして人気がなく、夜中にやっていることが多かったわね。

映画を通じて自分と違う世界を見るのが、とにかくおもしろかった。

一流映画でも、そうでなくても、映画の中に心動かされる何かがあれば、「生きていてよかった」と思える。

たくさんの映画を観たことで、心を動かされるものにたくさん出合うことができた。

自分が経験したことのない世界を味わうことができ、明日への生きる力をもらえたような気がする。

映画のような経験は、そうそうできることではないわ。でも、映画を通して感じたことが、自分の世界を広げることにはなると思う。

現実はうまくいかないことだらけだけど、違う世界を見て、心の持ちようが変わることや、自分の中で何か新しいものが生まれることもある。

映画の中に心動かされる何かがあれば、生きていてよかったと思える

口ばかりの人は、
自分のことしか考えていない
そんな愛情のない人の話は
聞かなくていい

私は学生時代、キリスト教の教えを受けてきた。そのせいか、愛情を持たない人を見ると残念に思う。経験もないのに、あたかも聖者のように口がうまい人。博愛と言いながら、野良猫一匹すら助けようとしない人。口先だけで、実行を伴わない偽善者が世の中にはたくさんいる。全く、腹が立つ。

日ごろの生活でもそう。口では「自分もそう思う。全くその通り」などとうまいことを言って、何もしない人がたくさんいる。何百回、何千回思ったとしても、実行に移さなかったら、思っていないのと一緒。

批判ばかり言っている人もたくさんいる。最近は、インターネットで匿名だからと言いたい放題の人が多いけど、知りもしない人の悪口を言うなんて最低の人間。本当に思ったことならば、その人の前で正々堂々と言うのがあたりまえでしょ。

結局、口ばかりの人は、自分のことしか考えていない。自分のことを直そうとしない。相手の立場に立って考えることのできない、愛情のない人間なのよ。

口先だけで実行しなかったら、それは思っていないのと同じこと

大切なものは目には見えない
いなくなって初めてわかることがある。
それは、愛と絆

私の母・大月投網子(とあこ)は、90歳で亡くなるまでずっと、ピアノを教えて生計を立てた。母は東京音楽学校（現・東京藝術大学）を卒業し、ベルリンに音楽留学、その後ピアニストとして活動していた。

母は口うるさく、まわりの人にいつもおせっかいを焼く。私は、毎日何度も「このアホ」と言われ続けたので、40歳を過ぎるまでずっと、自分は前代未聞のアホだと思っていた。

あるときメンタルテストをやったら、私は一番頭がいいところに入って、初めて自分はアホじゃないと気づいたのよ（笑）。

忘れられないのは、青山学院初等部の運動会での出来事。私は走るのがなぜか苦手で、徒競走やマラソンではいつもビリ。

それを見て母は、「うちのアホ娘、ビリで走っている」と言いながら、他のお母さんたちと笑っている。私は恥ずかしくて仕方がなかった。

でもそれは、私の足が曲がっていることが原因。私がドイツにいたとき、膝が痛くなって病院に行ったら、お医者さんはこう言ったの。

「これは、あなたのお母さんが、あなたが赤ん坊のときに間違った方法でおしめを巻いていたのが原因でしょう。それであなたの股関節はおかしくなっているのです」と。

母が私を産んだのはドイツで、看護師はおそらくアドバイスしたのでしょうけど、母は難しいドイツ語がわからなかったから直すことができなかった……。

言葉がわからないのは仕方がないけど、この事実を知ったとき、さすがに私は母を恨んだわ。自分のせいで娘がこうなったのに、走るのが遅いことを馬鹿にされ、まわりに言いふらされたのだもの。

けれど、お医者さんに言われたことを手紙で知らせたら、私が日本に帰ったとき、母は何も言わずに申し訳なさそうにしていた。

母とはずっとこんな関係だったので、私は劣等感を持ち続けてきた。でも、弟からの電話で母の死を告げられたとき、ハッと気づいたの。

「私は母のことが大好きで、母はいつも私を愛していてくれた」と。

そのとき私の頭の中には、子どものころ映画館に連れて行ってくれたことや海水浴に行ったこと……楽しい思い出がいっぱい蘇ってきた。

母の死に顔を見るのは耐えられなかったから、葬式には出ず、遠くから祈りを捧げた。

「死に目にも会いに来なかった」と親戚に責められたけど、最期を見るのは辛かったから、かえって会わなくてよかったと今でも思っている。

大切なものは目には見えない。いなくなって初めてわかることもある。母の死によって、二人の距離が近づいたような気がした。

母の死から2年後、ようやく日本に戻ることを決意。

その理由は、「母が暮らした東京の下北沢の家が人の手に渡るのは嫌だ。この家を守りたい」と思ったから。私が留学した後、劇団青年座の学校だった建物を買い取って、ずっと暮らしていた家。母から引き継いだものと、私がドイツから持ち帰ったもの、たくさんの絵や写真……。

母との絆を感じながら、ここでピアノを弾いている。

母のことが大好きで、母はいつも私を愛していてくれた

お金があるか、ないか。
格差はあるけれど
芸術を愛することで
心にゆとりが生まれる

私のコンサートには、クラシックをあまりよく知らない人も来てくれる。クラシックに精通しているか、していないかではなく、「この人の演奏を聴きたい」と思う人なら誰でも来てほしいし、純粋に音楽を楽しんでほしいと常々思っている。

お金がなくてコンサートに来ることができない人の前でも演奏したいけど、なかなか実現できない難しさもあるわ。

以前、身寄りのない子どもたちを集めて演奏をしたことがあったけど、演奏中にがやがやしゃべって、ちょっと嫌だと思ったの。そんなときは、まず素敵な音楽のCDをかけて、ごちそうを並べて、しゃべりながら音楽を聴くといいんじゃないかしら。そこから始まって、音楽はいいものだって本当にわかったら、生演奏するのもいい。もちろん、お金をもらわなくても喜んで弾くわ。

お金があるか、ないかは関係ない。確かに格差はあるけど、音楽の素晴らしさ、芸術を愛する人が多くなれば、そこには心のゆとりが生まれる。

純粋に音楽を楽しんでほしい、音楽の本当のよさを知ってほしい

何か一つ趣味を持ちなさい。
辛いことや悲しいことを
一時忘れることができて
心をリセットできる

私は子どものころから、空想の世界で遊ぶことが好きだった。

それは、父がいなくなってしまった寂しさや、貧乏だったことや、母の厳しいピアノのレッスンの苦しさという現実から逃げるため。夢の世界にいるときは、私にとって一番楽しい時間だった。

一人で外を歩いていると、目に映るすべてのものが珍しく、頭の中は空想でいっぱいになって、気がついたら自分が今どこにいるのかわからなくなっていることもよくあった。景色を見ながら作り上げる自分の中の「不思議の国」は、とてもキラキラした世界。そこに行って帰ってくるのは、物がない時代の大きな楽しみだった。

その遊びは、絵を描くことへとつながっていった。

小学校の夏休みの宿題がきっかけで絵日記をつけるようになって、授業で描いた絵で賞をもらったこともある。空想の世界を想像して遊ぶのと同じように、絵の中は自分だけの自由な世界。だから、絵を描いているときが一番楽しく、絵を描くことが辛いときの慰めにもなっていた。

そこから今に至るまで、夢の世界に行くことや、見たものや聞いたものからいろいろ想像すること、そして絵を描くことは、私の生活になくてはならない楽しみになっている。

今までに描いた絵を見ていると、どん底だったときには暗い色合いが多いように思うし、心が穏やかなときには明るい色合いになる気がする。昔は辛い現実から逃げるために描いていたけれど、今は純粋に描くことを楽しんでいる。そのときどきの私を表した絵を見ると、いろんなことを思い出すの。

いつも、他の誰にもない「私だけの絵」を描きたいと思っている。そして、絵には私自身の生き方が表れる。これはピアノと同じね。絵を描くことは自分の中の楽しみ、趣味であり、誰にも邪魔されないもの。

現実から離れて没頭できる趣味を持つことはとても大切。何か一つ趣味を持っていれば、辛いことや悲しいことを一時忘れることができて、心のリセットにつながる。

他の誰にもない、自分だけの絵。自分自身の生き方が絵に表れる

Part 3

夢と自分らしさを捨てないで

くだらない偏見に負けてはだめ。
人は人、私は私
夢や希望を持っていれば強くなれるし、
必ず壁を乗り越えられる

小学生のころ、私は近所の子どもたちから「異人、異人」といじめられ、石をぶつけられたことがあった。

私の父、ジョスタ・ゲオルギー・ヘミングは、ロシア系スウェーデン人。日本人の母がベルリンに留学していたとき、そこにあった映画会社でデザインの仕事をしていた父と知り合い、結婚し、私と弟が生まれた。

私が5歳のとき、家族で日本に帰ってきたけど、父の国籍があるスウェーデンでの居住経験がなかった私は、18歳の時点でスウェーデン国籍を抹消されていた。そのため、ドイツに留学する前にパスポートを申請しようとしたとき、私は無国籍だったことを知った。

ショックだったけど、その後私のピアノを聴いてくれたドイツ大使の助言で、日本赤十字社の難民として出国する道があることを知った。そして、ベルリン音楽学校の留学生としてドイツに行くことができた。

そのとき、私は29歳。

留学が叶った喜びも束の間。当時、外国に留学できる日本人はお金持ちの特権階級や政府の留学生ばかり。日本から来ていた留学生たちはみんな、私のことを見下すような態度だった。

ハーフの私のことを、「フジコは日本人じゃない」とドイツ人の学生に言いふらされたこともあった。

ある友達は私のことを「あなたがピアノを弾いている姿はクマの子みたい」と、おかしそうにバカにしたことも。

私は、日本にいれば外国人。ヨーロッパにいても外国人。そうやって、幼いころから偏見にさらされてきた。

だけど、私はこう思ったの。

「人は人、私は私。人と違って何が悪いの。私は人と違う生き方がいい。国籍なんて、生きていくうえでどうでもいいこと。私に祖国なんてない」と。

ドイツでいじめられても、決して日本に帰ろうとは思わなかった。なぜなら、ピアノを弾くこと、音楽を学ぶことが私のすべてだから。

ピアノを弾くとき、楽譜どおりの弾き方がいいと思っている人が大勢いるけど、「こうでなくてはならない」という決まりはない。譜面にない休符があったり、リズムがあったり、もっと自由な解釈があっていい。

むしろ「芸術は人と違っているほうがいい」と、ヨーロッパで教えられた。

まわりと違う外見であったり、一人だけ違う意見を言ったり、違うことをやっていると、「あいつは変人だ。おかしい」などといじめる人がいる。

私は人をいじめる人間ではないので、なぜいじめるのか、いじめの何が楽しいのか、まったく理解できなかった。

でも、そんなくだらない偏見に負けてはだめ。たとえひとりぼっちになっても、夢や希望を持っていれば強くなれるし、必ず乗り越えられる。人にはそれぞれの世界があり、それぞれの魅力があるのだから。

自分自身を信じて突き進んでいけば、必ず突破口は見つかるはず。

「こうでなくてはならない」ではなく、もっと自由な解釈があっていい失敗したってかまわない。
チャンスが巡って来たら
勇気を出して自分を表現しなさい。
その行動があなたを変えるはず

私の人生を大きく変えた出来事、それは、世界的指揮者のレナード・バーンスタインとの出会い。

私は素晴らしい音楽家との出会いに恵まれた。ベルリン留学を終え、次に向かったのはウィーン。ピアニストのパウル・バドゥーラ＝スコダに師事するためだった。スコダは「自分の思うままに、それでやっていきなさい」と、私のピアノの才能を認めてくれた。

指揮者のブルーノ・マデルナとも出会い、私のピアノを高く評価してくれて、ソリストの契約をしてくれたわ。

「やっと自分の演奏会ができる」

そう思っていたところ、現実はそう簡単にはいかなかった。

才能を認められても、音楽会社や興行会社のバックアップがなければ、コンサートは実現しない。

悶々とした思いを抱えて過ごしていたあるとき、チャンスが訪れた。

演奏会でウィーンに来たバーンスタインに「どうか私の後押しをしてください」と

いう手紙を書き、宿泊先のホテルに託したの。そして、演奏会が終わった後、楽屋へ向かった。

「私の手紙を受け取ってくれましたか?」と聞くと、「ああ、受け取ったよ」とバーンスタインはやさしくうなずいてくれた。

私はすぐさま、ピアノを聴いてくださいとお願いした。すると、「すぐに弾いてみなさい」と、私の申し出を受け入れてくれた。

カラヤンの前では弾けなかったけど、今度は心の準備ができていた。意を決して、バーンスタイン作曲の『ウエスト・サイド・ストーリー』をはじめ何曲かを夢中で弾いたわ。

弾き終わると、バーンスタインは私のところに来て、私を抱きよせ、キスをして、こう言ったの。

「君は素晴らしいピアニストだ。君のために力を貸すから安心しなさい」

その後まもなく、バーンスタインの推薦で私のコンサートが決まった。

バーンスタインは、寛大で人間味にあふれていて、音楽に対して差別や偏見がない。

粋でセンスがあって、明るくて、いい男。私が尊敬する一流の音楽家であり、私の理想の男性――。

運命を変えるチャンスは、ある日突然やってくる。

そのチャンスを逃さないためには、なりたい自分に向かって進み続けること。決してあきらめないこと。

「私は運がないから、チャンスは巡って来ない」なんて思ってたら、チャンスが来ても見逃してしまうわよ。

そしてそのときが来たら、勇気を出して自分を表現すること。失敗したっていいじゃない。その行動があなたを変えるはずよ。

チャンスを逃さないためには、なりたい自分に向かって進み続けること

滅入っていても何も解決しない。
そういうときは
「自分の中の小さな幸せ」に
目を向けることよ

ウィーンで失意のどん底に落とされたとき、誰も知らない場所に行きたくてスウェーデンに行った。でもやっぱりドイツがいいと思い、ドイツの街を転々とした。ハイデルベルクにいたときは、ピアニストへの夢をあきらめかけていたこともあったわ。

何か嫌なことがあると、もっといい場所があると思い、荷物をまとめて引っ越しをした。でも結局、どこにもパラダイスなんてない。一つの場所にいたほうが、自分の目指すところに早くたどり着く。それがわかったのは随分後になってからね。

転々とする暮らしの中で、人生を悲観したこともあったけど、知り合いや友人に愚痴を言ったことはない。人に相談してもどうにもならないと思ったから。やりきれないときは、カフェで隣の席に座っていた見知らぬ人に愚痴っていたわ。

「どうせ私のことなんか、誰もわかってくれない」

そんな気持ちになることもあるけど、滅入っていても何も解決しない。そういうときは、「自分の中の小さな幸せ」に目を向けることよ。

一つの場所にいたほうが、自分の目指すところに早くたどり着く

いろんなことを乗り越えれば
孤独を楽しめるようになる
好きなことに熱中していられる。
一人の時間は自由で楽しい

「ひとりぼっちは寂しい」「孤独は不幸だ」

そんなふうに思う人もいるかもしれないけど、「一人は自分だけの楽しい時間」「孤独は自由」と考えてみたらいい。

私は子どものころ、外国人の子どもだからといじめられ、ドイツに留学してからも、「フジコは日本人じゃない」と言われた。時代のせいもあったけど、私はどこに行っても異人扱いされ、いじめられた。

でも、そうやって言われてきたことで、私は強くなった。仲間に入れてもらえずひとりぼっちでいたとき、心が折れそうになったけど、一流のピアニストになるという夢に向かってピアノに打ち込むことで乗り越えてきた。

一人になることを恐れず、何を言われても自分は自分と思い続けることで、一人でも平気と思えるようになっていった。

恋愛や結婚をすることで、孤独ではなくなる、幸せになれると思ったこともあるわ。でも、結婚には踏み切れなかった。まわりを見ていて、焦ってつまらない男をつかんでうまくいかない人もいたから、結婚すれば幸せになれるわけじゃないとわかった。

いろんなことを乗り越えて、今は孤独を楽しめるようになったわ。

朝起きて、仕事のない日は一日中のんびりと部屋で過ごすのはとても楽しい。もし家族が騒いでいたら相手をしなければならないし、疲れてしまう。人間だとそう思うけど、猫なら騒いでいても心地いいから不思議ね。逆に、猫に話しかけていると、一人の寂しさなんて吹き飛んでしまう。

ピアノを弾くことはもちろんだけど、私は裁縫や手芸が得意なので、次のコンサートの衣装をあれこれ考えたり、普段着る服に工夫をしてみたり……そんなことに熱中していられる一人の時間は、なんて自由で楽しいのでしょう。

相手に依存してばかりだと、一人になったときに何もすることがなくなって、孤独は不幸だと感じてしまう。そのときの状況だけで、自分は不幸だと思い込むのはよくないこと。自分が打ち込めること、楽しめること、そして心安らぐ場所……そういうものがあれば、一人を楽しめるはずよ。


相手に依存ばかりしてるから、一人になったときに孤独を不幸と感じる

完璧な人間なんていない
人はみんなどこか弱くて、
人はみんなどこか自信がない

子どものころは大きな夢があって、楽しいことがいっぱいあった。でも、誰でも描いていた夢が叶うわけではないし、辛く悲しい思いもたくさん経験する。恋も仕事もうまくいかない。「こんなはずじゃなかった」と思っている人も多いでしょう。

でも、予定通り順調にうまくいくことなんてないの。そうならないためにみんな頑張っているのよ。

完璧な人間なんていない。人はみんな弱くて、どこか自信がない。私も明日がどうなるかわからなくて、不安と心配でいっぱいだったときは、神様に「助けてください」と祈った。今でも、コンサートで「次が出てこなかったらどうしよう」と不安で、神様にお祈りしている。

そうやって何かを信じて乗り越えていくしかないのよ。私の演奏を聴いて、自分と同じ嘆きを見つけて、涙を流してくれる人がいる限り、私は演奏し続ける。一人ひとりの心が少しでも救われて、勇気になりますようにと願って……。

同じ嘆きを見つけて、涙を流してくれる人がいる限り私は演奏する

「もうやめたい。これ以上やっても無駄だ」
と思ったときは
すぐに決めずに立ち止まる。
自分のやるべきことは何なのかを
冷静に考える

小学3年生のときのこと。母の友人の娘がNHKのオーケストラでバイオリンを弾いていて、私のことを音楽部長に話をしたことがきっかけとなって、NHKラジオで私は生演奏することになった。

そのとき演奏したのは、ショパンの即興曲。緊張してどんなふうに演奏したのか覚えていないけど、不思議とうまく弾けた。

その番組の放送後、私は「天才少女」と言われ、反響を呼んだ。

世界的ピアニストのクロイツァーにも「君は天才だ」と言われたことがあったけど、私は自分のピアノが本当に上手いのか、そうでないのか、わからない。

小さいころは何もわからずにピアノを弾いていたし、演奏会に行くお金もなく、テープレコーダーもなかった。

他の人がどんなに素晴らしいのか、下手なのか、聴く術（すべ）がなく、比べることもできなかったから。

それでも、音楽学校へ行き、演奏活動を始め、ドイツへ留学し、ヨーロッパで音楽を続けている間に、いろんな人の演奏を聴くことができた。

そして、バーンスタインをはじめいろいろな大家のところへ行って、「私の演奏を聴いてください」と頼んだら、半分くらいの人が「君は有名になるよ」と言ってくれた。

大きな挫折を味わって、貧乏生活も続き、嫌な思いもたくさんしたけど、素晴らしい人に会うことで自分に自信がつくようになって、「私のピアノは他の人より優れている」とわかるようになったの。

同時に、苦労してきたことが必ず私の音楽に表れる、と信じられるようにもなっていた。

たくさんの経験は確かに、私の音楽に深みをもたらしていると思う。

人生の経験から作られる人間性、私という人間の内面が、すべて音に表れる。辛さや悲しみに耐えた経験が、音の響きや音色に表れる。

それを聴いて、涙を流してくれる人や、感激してくれる人がたくさんいる……。

どんな経験も、私の演奏に繋がっている。

今の私は、ピアニストとして少しはよくなったけど、円熟したとは全然思っていない。でもだんだんと、いろんなことがはっきりわかってきた。

どんなときにもピアノだけはやめようと思わずにやり続けてきたからこそ、見えてくるものがある。

「君は有名になるよ」と言われたところで、その日のご飯にも困っているのに有名になるはずがない。そう思っていたのが、本当に有名になった。不思議なことね。

人には神様から与えられた運命があるけど、その運命を最終的に決めるのは、その人次第。いろんなことを経験しながら、夢に向かって歩き続けて、自分を磨き続けていれば、神様はそれを見ていてくださり、ご褒美をくださる。

神様に与えられた自分の運命、やるべきことは何なのか。若いころはわからなくても、経験を積むうちにわかってくることはたくさんあるはず。

「もうやめたい。これ以上やっても無駄だ」と思ったときは、すぐに決めずに立ち止まって、やるべきことをよく考えて、続けていくこと。

神様から与えられた運命を最終的に決めるのは、自分自身でしかない

父とのダンス
幼い頃の想い出

人から変だと言われても、
気にしなくていい
自分さえ気に入れば
そこに価値が生まれる

パリでは、ブランド品がひしめく一方で、古着屋さんがたくさんある。日本円で500円や1000円ぐらいの服がたくさん売られていて、私はずいぶん古着を買ったわ。

リサイクル品だから値段は安くなっているけど、その中に、デザインした人の思いが込められていると感じる服がある。

一つひとつの服にはストーリーがあって、作り手の思いが込められている。その思いを直観で受け取って、いいと感じる。それが安価だとしても自分が気に入れば、そこに価値が生まれる。

私が最近、コンサートで着て評判がよかったのは、真っ黒で紙のように薄くて、まるでお墓から出てきたような服（笑）。買ったのはやはり、パリの古着屋さん。

ブダペストやキエフ（現在のキーウ）、モスクワのコンサートで評判がよかったのは、私の服を直してくれている知り合いが作った青い服。私はそれを着て、真っ赤な絹の帯揚げをバンドにして結んだの。

私は赤い紐（ひも）で結ぶのがすごく好きで、素敵だと思ったのだけど、友達二人に「最低」

と言われた。変な格好だと思ったのかしら。

真っ赤といえば……あるフランス人の男性ピアニストが、演奏会で燕尾服を着て登場したのを思い出した。

燕尾服は普通だけど、その人は真っ赤な靴下をはいていて、私はそこに目を奪われたの。赤い靴下のおかげで、すっかりファンになってしまったわ（笑）。

日本人は、ちょっと常識からはずれていたり、変わった格好をしていると、変なものという目で見る人が多い。それはよくないことね。

流行の服を着るのもいいけど、似たようなファッションの人がたくさんいたら、おもしろくないじゃない。

「ブランドのお店で全部揃えました」みたいな格好を見ると、滑稽に見えてしまう。お金なんかかけなくても、おしゃれはできるのに。

流行遅れとか、組み合わせがおかしいとか、値段で決めるとか、そんなことばかり気にしていたらみんな同じ価値観になってしまうし、そこには個性なんてない。

私は、ステージ衣装でも普段着る服でも、既製服をそのまま着ることはない。刺繍をしてみたり、ボタンを付け替えたり、布を縫い付けたり、アレンジを加えてオリジナルの服に仕上げるの。

アクセサリーも同じで、人に会うときは服や髪のどこかに一つ、オリジナルのおしゃれを加える。

そうすると個性が出て、自分だけの服になる。大柄に見えないよう、女らしく見える着こなしも考えるわ。

とにかく、自分だけのおしゃれを演出することを大事にして、気に入ったものはとことん着る。若いころ着ていた服を、今でもときどき着たりするわ。

たとえ人に変だと言われても、そんなことは気にせず、自分らしさを出すことを一番に考えるべきよ。

みんな同じ価値観を持っていたら、個性が消えてなくなってしまう

人間はいくつになっても、
素晴らしいことがたくさんできる
今より前に進むことを考えていれば、
心は歳をとらない

新しい曲の練習は、今もやっている。暗譜に時間がかかるようになったり、関節が痛くなったり、衰えてくることもあるけど、新しい曲を弾きこなしてみんなに喜んでもらいたい、もっといい演奏をしたいと思っている。

毎日の練習を欠かさない。その積み重ねがなければ、演奏家は続けられない。私はまだまだ演奏を続けていくつもり。引退なんかは全然考えていない。

夢は、ラヴェルの『ピアノ協奏曲』とラフマニノフの『ピアノ協奏曲』をCDにすること。世界の一流オーケストラや名指揮者とも共演したい。チャレンジしたいことは、きっと死ぬまであるわ。生きている間にできなかったことは、天国に行って練習することになるのでしょうね。

人間はいくつになっても素晴らしいことがたくさんできる。今できることを精一杯やる。今できなくても希望を持つ。「もうこんな歳だから」ってあきらめるのはダメ。いつも、今より前に進むことを考えていれば、心は歳をとらないの。

今できることを精一杯やる。今できなくても希望を持つ

人生はうまくいかないのがあたりまえ。
どん底であがいていても
あきらめなければ、
突然、夢が叶うときがやって来る

ドイツにいたころ、「あなたはいつか有名になる」と言われたことがある。だけど、日本に帰国してピアノを教えながら生活する日々の中で、「私はこのまま終わってしまうのだろうか」と不安に駆られる自分がいた。

そんなとき、東京藝術大学時代の友人たちが私のピアノを聴きたいと動いてくれて、母校の奏楽堂でコンサートを開くことになった。

それがNHKのドキュメンタリー番組『フジコ～あるピアニストの軌跡～』(1999年)で放映されると、思いもよらぬ大反響。番組は再放送され、続編もできた。急にコンサートの依頼が増え、それまで招待状を送っても来なかった人が、「チケットが取れないからどうにかしてほしい」と、手のひらを返したように言ってきた。

NHKの番組が放送される前は時間があったので、下北沢の街をよくぶらぶら歩いていた。そこでいつも会うお店のおばさんに、「明日、NHKで私の放送があるから見てくださいね」と言って、何日かしてそのおばさんに会ったら、「娘と一緒に見て感激しました。ピアニストは好きではないけれど、とてもよかった」と言われたの。

ピアノをあまりよくわからない人から感激したって言われたのは、コンサートのチケットを頼んでくる人よりもうれしかった。

それからは、日本で多くの人にピアノを聴いてもらえるようになった。

人生はうまくいかなくてあたりまえと思っていたけど、突然、夢が叶うときが来るもの。どん底にいた私にある日突然、幸運が巡って来た。それは偶然ではなく、夢を持ち続けてきたから。あきらめずに努力し続ければ、いつか夢は叶うと信じて生きてきたから。

「私の音は誰にもまねができない。世界でただ一つ」と思い続けてきたから。

そうやって、ひたすら待ち続けることの大切さを知ったの。

神様は、私が小さな動物たちと必死に生きて、ピアニストとして再起したいと願っていることをわかってくださっていた。

チャペルでピアノを弾いたり、ピアノを教えたり、自分の音楽をやり続けていたことがどこかでつながって、神様に届いたのだと……。


幸運が巡って来たのは偶然ではなく、夢を持って待ち続けたから

幼い頃の、雨の日の釣り遊び

お金をかけなくても、
人生の楽しみはたくさんある
外に出かけなさい。
素晴らしい出会いが待っているから

私は着るものや食べ物にお金をかけないし、お金を貯め込むつもりもない。お気に入りの部屋に猫や犬がいて、ピアノに集中できて、散歩や友達に会うことを楽しめればそれで幸せ。

今、住んでいるパリの家の周辺は、夜中までカフェやバーが開いていてとても賑やか。人は多いけど、そのほうがかえって治安がいいから夜に出歩くこともできる。

私の家の下には高級ブランドのお店があって、この間、お店を覗いたらストールが20万円もしたの。なんでこんなに高いのと思ったわ。古着のお店なら安いものがいっぱいあるのに。でも、いろんなお店を見るのは楽しい。

歳を重ねると、都会を離れて暮らすのがいいという人が多いけど、私は逆ね。都会に住むと友達にもすぐに会えるし、おしゃれして出かけることも多くなる。外に出かけていろんな人に会うことは、とても大切なこと。きっと素晴らしい出会いが待っているわ。

着るもの、食べ物にお金をかけない。贅沢が幸せとは限らない

気取ったり、格好つけたりしない
正確性や小さなミスを気にしていたら、
自分の価値は生まれない

母は東京でピアノの教師をしながら、私と弟を育ててくれた。母はすごく純粋だけど、とにかく思ったことをすぐに口にする人だった。

ある日、ピアノを習いに来ていた女の子に、「先週も同じ間違いをしたのに、なんであんたは練習してこないの」と、母がすごい権幕で怒っていた。すると女の子はボロボロ泣いて、その涙が鍵盤に落ちてまったく弾くことができない。

「彼女はなんてかわいそうなのだろう。なんで、そんな教え方をするのだろう」

同じように、母は私のピアノに対しても、激しい権幕で怒った。「音が間違っている！揃っていない！」と。

音が揃っていればいいのか、ミスしないで機械のように弾くことがいいのか。私はそうは思わない。

母が一生懸命ピアノを教えてくれたから今の私があるけれど、やりたくない曲を無理やりやらせることや、音の間違いばかり指摘するところは嫌だった。

世間には超絶技巧をアピールするようなピアニストも多いけど、むやみに速いテンポでテクニックを見せつける演奏は好きではない。

正確性ばかり重視していたら、その人らしさが表れなくなってしまう。人と同じだったら、芸術家である価値がないと思うの。

一つひとつの小さなミスを問題にするより、どういう音で自分らしく弾くのかを一番に考えることが大事よね。

私のピアノは古くさいとか、時代遅れだとか言う人もいるけど、私は自分らしいピアノを弾きたいし、自分だけの音楽を作りたい。

温かな血の通った一人のピアニストが、自分の感情を常にピアノに託すという思いを持ち続けていたい。

それが、聴く人の心に訴えかける音楽であればいい。

音楽だけでなく、絵だってそう。葛飾北斎の筆遣いは、太いところや細いところ、曲がっていたり不揃いなところがあるから魅力的だし、ピカソの絵だって、どこか完全ではないところがあるから素晴らしい。

私はよくミスをするし、音を飛ばすこともある。日本では、私が弾く『ラ・カンパネラ』をめちゃくちゃけなした評論家がいたわ。またある人は、「そんなにゆっくり弾かないで、もっと速く弾けよ」と言う。

でも、そんな声は気にしない。

ミスすることや速く弾かないことで、その演奏家がダメということにはならないでしょう？

「壊れそうな『鐘』があったっていいじゃない。間違ったっていい。私の『鐘』だもの」と、私はいつも思っている。

機械ではなく、人間が奏でる音楽、人間味のある音楽をやり続けたい。けなす人もいるけど、「心に響きます」と感動してくれる人もたくさんいる。

気取ったり格好つけたりせず、自分らしさを出していれば、必ず誰かに想いが届くと信じて……。


ミスなく弾くことより、間違っても自分らしい音楽をやりたい

日記を書きなさい
ときどき過去を見つめると、
自分が愛おしくなってくる

私は子どものころから日記を書くのが好きで、ヨーロッパにいたころの日記は今でも手元に残っている。恋したときのときめきや、友達との出来事、猫のこと、街で見た景色、そして音楽のこと……。文章と一緒に絵を描いたり、新聞や雑誌の切り抜き、写真、摘んだ花や落ち葉なんかを貼って、私だけの本ができ上がっている。

日記の内容は、楽しいことやうれしいこと、感激したことなど、いいことばかり。悲しい出来事は忘れようと思って、書かなかった。

今、読み返してみると、「こんなことに感動していたんだ」という自分に驚いたり、「馬鹿げたことを書いているわ」って笑ったり、苦労した時代も楽しい思い出になっている。過去の自分が愛(いと)おしくなるから不思議ね。

絵でも写真でも、文章でも、何かを残しておくのはいいこと。時が経ってふとそれを見返すと、そのころの情景が目の前に蘇って、馬鹿なことをしていた自分を思い出して楽しくなるでしょ。私にとって、そういう時間はとても幸せ。

馬鹿なことをしていた自分を思い出してみると楽しくなる

素晴らしいと思うことは人それぞれ
自分の人生を重ね合わせて
共感できれば、力になる

日本やパリをはじめ、コンサートで私のピアノを聴いて、共感し、感激してくれる人がいる。本当にうれしいこと。

ヨーロッパの人たちのようにスタンディングオベーションと「ブラボー！」の叫び声で称賛してくれる人もいれば、日本人のように感情をあまり表に出さずに感動をかみしめる人たちもいる。

大歓声はうれしいけれど、立ち上がって「ブラボー！」と叫べばいいわけではなく、素直に反応してくれるのが一番。

例えば、ピアニストのウラディミール・ホロヴィッツのライブCDを聴いていたときのこと。私が一番素晴らしいと思うところで観客はシーンとしている。

そして、そんなによくないと思うところで歓声が上がっている。感じ方は人によって違うのはあたりまえ。

私がコンサートで素晴らしい演奏ができたと思っていても、拍手が少ないことだってある。でも私は、たとえ拍手がなくても自分がいい演奏ができたとわかっていれば、それでいいと思う。

伝えたいことがわかる人にはわかる、わからない人にはわからないのだから。

ＮＨＫの番組で私のことが取り上げられてから、日本はもちろん、外国でもたくさんの人がコンサートに来てくれるようになった。

コアなクラシック音楽のファンよりも、番組を見て私に興味を持ってくれた人が多く、私の演奏を聴いてくれた人からたくさんの手紙をいただいた。

「感激して涙が出ました」

「ピアノの一つひとつの音が心に響きます」

「自殺したいと思っていた自分から、立ち直ることができました」

「勇気が湧いてきます」

こういう手紙を読むと、みんな心のきれいな人なんだなと思う。

演奏中に、泣いている声が聞こえてきたこともある。

クラシック音楽をよく知っている人も、ショパンやリストのことを知らないような人も、私の音楽を聴いてそれがその人の力になっていると思うと、ピアノをやってきて本当によかったと心の底から感じる。

自分に起こった苦難や挫折に対して、私はピアノを弾くことで乗り越えてきた。それが私のピアノの音になって、救われている人がいる。こんなにうれしいことはない。

なぜ多くの人が私のコンサートに足を運んでくれるのかと考えてみると、それは、私のこれまでの人生に、自分の人生を重ねながら聴いてくれている、そこに共通点があるからではないだろうか。

演奏家は出す音がすべて。人間性が音に出る。

素晴らしいと思うところは違っても、共感できるところがあるから、みんなの心に届けることができる。

私のピアノを聴いてくれる人たちに支えられ、「この曲をどう自分らしく表現するか」と模索しながら、今日も演奏している。

伝えたいことがわかる人にはわかる、わからない人にはわからない

今の自分があるのは、
あの辛い時期があったからこそ
なんて小さなことで悩んでいたのかと
思える日が必ず来る

私は今まで、たくさんの辛く悲しいことに出合ってきたけど、もしピアノを捨てて平穏無事な人生を望んでいたら、どうなっていたのかしら。

ピアノに出合っていなければ、動物園の飼育係になっていたかもしれない。動物たちと一緒に、嫌な思いもせず楽しく暮らしてきたかもしれない。

だけど私は、あえてピアニストになるという険しい道を選んだ。この道を選んだことで、喜びの絶頂からどん底に突き落とされ、先の見えない毎日を過ごしてきた。たくさん泣いて、嫌なときが過ぎるのをひたすら待っていた……。

何度も「もうダメだ」と思ったけど、今思うとあのころ大変だったことがだんだん楽しい思い出に変わってくるから不思議ね。今の私があるのは、あのころがあったからって思えてくる。時が解決してくれる、時が経てば辛いことも黄金色に輝く。なんて小さなことで悩んでいたのかしらって思える日が必ず来るから、今辛くても、とにかく耐えて、傷が癒えるのを待つことね。

すべて時間が解決してくれる。時が経てば辛いことも黄金色に輝く

「遅くなっても待っておれ。
それは必ず来る」
嘘をついたり人を欺いたりせず、
自分に正直に生きていけば、
神様は絶対に見捨てない

私はクリスチャン。幼いころ、母に言われて教会の日曜学校に通い、小学校から高校まではキリスト教系の青山学院に通った。

どんな宗教でも神様は神様だから、どの宗教でもいい。

でも、ドイツに留学していたとき、近所のカトリック教会に素敵な声で賛美歌を歌う神父さまがいて、その神父さまに洗礼を受けたいと思った。それがきっかけで、実際に洗礼を受けることになったの。

神様は、人間を救ってくれることもあるし、試練を与えることもある。

ウィーンでのコンサートの直前、耳が聴こえなくなったときは、なぜ神様は私にこんなことをするのだろうと思ったし、日本に帰ってきて、「もう大勢の前でピアノを弾くことはない」と思って過ごしていたときも、神様から与えられた運命を呪ったわ。

それでも、崖っぷちまで追いつめられた私を、神様は救ってくださった。

「遅くなっても待っておれ。それは必ず来る」（『旧約聖書』ハバクク書2章3節）

ある日、教会で配られた冊子に書かれていたこの言葉を見たときも、「神様はきっと、私のことなんか忘れてしまっているのだろう」と思っていた。でもすぐに、それは本当に訪れた。

NHKの人がやってきて、私のドキュメンタリー番組が放送され、大反響を呼び、大勢の前でピアノが弾けるようになった……。

神様を信じ、祈り、神様が示す方向に進んできたから、ご褒美を与えてくれた。もし、ピアノをあきらめて努力しないでいたら、それは訪れなかった。嘘をついたり人を欺いていたら、なおさらそれは訪れない。正直にやってきたから、神様は私を見捨てずにいてくださった。

日々の生活で大切なのは、神様が怒らないように正直に生きていくこと。楽しいときも、悲しいときも、辛いときも、私はいつも神様に祈る。祈ることで、「なんとかなる」と思えるようになるの。

人それぞれ信じるものは違うけれど、信じることで心が強くなれる。そうすれば、あなたも、目の前の壁を乗り越えられる。


楽しいときも、悲しいときも、辛いときも、神様に祈ることを忘れない

文庫版に寄せて

２０２２年5月、私は戦禍の中にいるウクライナの人たちを支援するため、チャリティコンサートを行いました。

第2次世界大戦中だった子どものころ、アメリカ軍の戦闘機が、パイロットの顔が見えるほど近くまで迫ってきたときの恐怖や、空襲で東京の空が真っ赤になった地獄のような光景を、私はいまでも忘れることができません。

戦地となったウクライナで逃げ惑う人たち、そして、やむなく置き去りにされる犬や猫たちのことを思うと、何かせずにはいられませんでした。

人間が何のために生きているかといえば、「善くなる」ため。

私は10代のころは「不良少女」で、学校にも行かずに映画館に入り浸ったり、善くないこともたくさんしたりしたけれど、だんだんこのままではいけない、自分を清らかにしようと思うようになりました。

１００パーセント完全に「善くなる」ことは誰にもできない。それでも、私はそのために生きているのだと思っています。何もしないで、ただ食べて歩いて生きるのではなく、人を救うため、人の幸せのために、できることをしたい。

本書の単行本版である『くよくよしない力』が刊行されてから4年。その間にコロナ禍やロシアによるウクライナ侵攻などが起こり、世の中は大きく揺れ動きました。生きていくうえで不安や悩みを抱えている人、希望が持てなくなっている人も、さらに増えているかもしれません。

でも、「幸福」と「不幸」は半分ずつ。ある文豪が、「僕は人生でただの1日も幸せだったことはなかった」と書き遺していたと聞くけれど、そんなはずはないでしょう。

たとえ不幸のどん底にいると思っているときでも、1日のうち数分や数十分くらいは、幸せなときが必ずあるはず。

不幸だと思うことも、日記に書いておいてあとから読み返せば、実はそうではなかったと気づくこともあります。

「ながらへば　またこのごろや　しのばれむ　憂しと見し世ぞ
　いまは恋しき」

小倉百人一首にも収録されている、藤原清輔朝臣（ふじわらのきよすけあそん）のこの和歌のように、「あのときは死ぬほど辛いと思ったけれど、いまは懐かしい」と思えることが、私にもたくさんある。

あの辛いときがあったから、いまがあると思える。私が弾くピアノを聴いて涙を流す人は多いけれど、私は何も泣かせようと思って弾いているわけではありません。ただ、私の人生の軌跡が音に表れ、それが聴く人の心を動かすのだと思います。

こんなふうに、大勢の人が私の演奏を心待ちにしてくれるピアニストになれるなんて、ドイツで苦しい思いをしていたころの私は、夢にも思っていませんでした。

本文中でもお話ししたように、「遅くなっても待っておれ。それは必ず来る」（『旧約聖書』ハバクク書2章3節）という言葉に触れてまもなく、私を取材したＮＨＫのドキュメンタリー番組が大きな反響を呼び、私の運命は大きく動きました。

「汝、盗む勿れ」「汝、殺す勿れ」など、神様の戒めを守って生きる。つまりきちんと人間らしく生きていれば、きっと神様は見ていて、助けてくださるから大丈夫。私はそう思っています。

生きることは幸せばかりではないけれど、不幸ばかりでもない。半分ずつ、どちらも味わいながら歩いていきましょう。そして、あなたが待っているものがいつか訪れることを、楽しみにしていてください。

Reference List

『フジ子・ヘミングⅠ　奇蹟のカンパネラ』ショパン(2000年)

『フジ子・ヘミングⅡ　ピアノがあって、猫がいて』ショパン(2000年)

『フジ子・ヘミング 魂のピアニスト』求龍堂 (2000年)

『フジ子・ヘミング ピアノのある部屋から』求龍堂 (2001年)

『フジコ・ヘミング 運命の力』TBSブリタニカ (2001年)

『フジ子・ヘミング 運命の言葉』朝日文庫 (2012年)

『フジ子・ヘミングの「魂のことば」』清流出版 (2002年)

『フジ子・ヘミング 耳の中の記憶』小学館 (2004年)

『Fujiko Hemming Esprit de Paris』主婦と生活社 (2005年)

『ほんの少し、勇気をあげる To you from Fujiko Hemming』
オークラ出版 (2005年)

『あなたに届けば To you from Fujiko Hemming』
オークラ出版 (2005年)

『フジ子・ヘミング 我が心のパリ』
阪急コミュニケーションズ (2005年)

『天使への扉』光文社・知恵の森文庫 (2005年)

『イングリット・フジコ・ヘミング 私が歩んだ道、パリ』ぴあ (2006年)

『フジコ・ヘミング　魂の音色を奏でるピアニスト』
河出書房新社 (2006年)

『フジコ・ヘミング画集 青いバラの夢』講談社 (2007年)

『パリ・下北沢 猫物語』阪急コミュニケーションズ (2007年)

『パリ音楽散歩』朝日新聞出版 (2008年)

『希望の力 くじけない、あきらめない心』PHP研究所 (2010年)

『たどりつく力』幻冬舎 (2016年)

Profile

フジコ・ヘミング

イングリット・フジコ・ゲオルギー・ヘミング（本名）
（Ingrid Fuzjko Georgii-Hemming）

スウェーデン人の父と日本人の母のもと、ベルリンに生まれる。5歳でピアノを始め、10歳でレオニード・クロイツァーに師事。東京藝術大学卒業後、29歳でベルリン音楽学校に留学、ウィーンではパウル・バドゥーラ=スコダに師事。レナード・バーンスタインやブルーノ・マデルナに才能を認められるが、聴力を失うアクシデントに遭遇。日本に帰国後の1999年、NHK『フジコ～あるピアニストの軌跡～』で大反響を呼び、デビューCD『奇蹟のカンパネラ』が200万枚を超える大ヒットに。2001年にはニューヨーク・カーネギーホールでコンサートを開催。以降、世界で演奏活動を続けている。2012年、自主レーベル「ダギーレーベル」設立。動物や被災者のための寄付、チャリティーコンサートなど、数々の支援活動も続けている。

Staff

Book Design………ティエラ・クリエイト（小沼修一、田中奈津子）
Coordination & Photograph………中嶌英雄
Cooperation………渡辺裕子、堀江令子

本書は、2018年8月に秀和システムから刊行された『くよくよしない力』を改題し、加筆・修正したものです。

PHP文庫　「幸福」と「不幸」は半分ずつ。

2022年8月15日　第1版第1刷

著　者　フジコ・ヘミング
発行者　永田貴之
発行所　株式会社ＰＨＰ研究所
東京本部　〒135-8137 江東区豊洲5-6-52
PHP文庫出版部　☎03-3520-9617(編集)
普及部　☎03-3520-9630(販売)
京都本部　〒601-8411 京都市南区西九条北ノ内町11
PHP INTERFACE　https://www.php.co.jp/

組　版　株式会社ティエラ・クリエイト
印刷所　大日本印刷株式会社
製本所　東京美術紙工協業組合

ISBN978-4-569-90240-1